BEI GRIN MACHT SICH IHR WISSEN BEZAHLT

- Wir veröffentlichen Ihre Hausarbeit, Bachelor- und Masterarbeit

- Ihr eigenes eBook und Buch - weltweit in allen wichtigen Shops

- Verdienen Sie an jedem Verkauf

Jetzt bei www.GRIN.com hochladen und kostenlos publizieren

Michael A. Braun

Was sind die Gründe für unterschiedliche dominante Privatisierungsmethoden in Polen, Ungarn und der Tschechischen Republik?

GRIN Verlag

Bibliografische Information der Deutschen Nationalbibliothek:

Die Deutsche Bibliothek verzeichnet diese Publikation in der Deutschen National-
bibliografie; detaillierte bibliografische Daten sind im Internet über http://dnb.d-
nb.de/ abrufbar.

Impressum:

Copyright © 2005 GRIN Verlag GmbH
Druck und Bindung: Books on Demand GmbH, Norderstedt Germany
ISBN: 978-3-640-19380-6

Dieses Buch bei GRIN:

http://www.grin.com/de/e-book/116899/was-sind-die-gruende-fuer-unterschiedliche-
dominante-privatisierungsmethoden

Freie Universität Berlin

Hauptseminararbeit im

Master of Arts in internationalen Beziehungen

Was sind die Gründe für unterschiedliche dominante Privatisierungsmethoden in Polen, Ungarn und der Tschechischen Republik?

Abgabetermin: Dienstag, 13. September 2005

Verfasser: Michael A. Braun, BA

Inhaltsverzeichnis

1   Gegenstand und Gang der Untersuchung

Nach dem 2. Weltkrieg wurde Europa in die kommunistisch regierten Staaten Ost-/ und die nicht-kommunistischen Länder Westeuropas[1] geteilt. Von 1989 bis 1991 mussten die kommunistischen Regierungen jedoch auf Druck ihrer Bürger[2] und wegen unüberbrückbarer Wirtschaftsprobleme zurücktreten. Staaten hörten auf zu existieren und alte Netzwerke zerbrachen. In dieser Konstellation entschied man sich für den Übergang von der zentral gelenkten Plan-/ zur Marktwirtschaft.[3]

Doch wie geht man dabei mit ehemaligen Staatsunternehmen um? Diese können nicht einfach liquidiert werden – sie wurden stattdessen aus vielerlei Gründen mit sehr unterschiedlichen Methoden privatisiert.[4] Diese Bemühungen haben in den letzten zwei Dekaden in beinahe allen Teilen der Welt deutlich an Bedeutung gewonnen. Die Ziele jedoch sind regional unterschiedlich.[5] In Osteuropa sind sie mit der Privatisierung ganzer Volkswirtschaften Teil des gesamtgesellschaftlichen Wandels; im 'Westen' hingegen nur Teil eines Struktur-/ und Politikwandels.

Interessant ist, warum sich einzelne osteuropäische Staaten für eine dominante Vorgehensweise entschieden. Als Hypothese wird angenommen, dass bestimmte, länderspezifische Gründe die Entscheidung beeinflusst haben. Dieser Frage wird am Beispiel Polens, Ungarns und der Tschechischen Republik[6] anhand der unabhängigen Variablen 'Freiheit des Kapitals', 'Zeitdruck', und 'Grad der Verstaatlichung' mit dem Ziel der Feststellung (1) einer dominanten Strategie und (2) der dazu führenden Gründe nachgegangen.[7] Dazu folgen auf die Einleitung Anmerkungen zur 'Theorie der Privatisierung', dann die 'Fallauswahl' gefolgt von der 'Untersuchung' anhand der genannten unabhängigen Variablen. Abschließend wird das Ergebnis kurz zusammengefasst und geschlussfolgert.

---

[1] 'Osteuropa' beziehungsweise 'Mittel-/ und Osteuropa' – die Begriffe sollen synonym gebraucht werden – beziehen sich auf alle ehemals kommunistischen Länder im geografischen Europa mit Ausnahme Russlands; der Begriff 'Westeuropa' hingegen auf alle nicht-kommunistischen Staaten.

[2] Aus Gründen der Lesbarkeit werden in der Arbeit stets männliche Bezeichnungen verwendet.

[3] Vgl. Berglund (2004), S. 593ff.

[4] Die Unterschiedlichkeit der Methoden lässt sich getreu dem Motto: 'Viele Wege führen nach Rom' beschreiben. Sie werden im Laufe der Arbeit genannt, sind zur Einleitung jedoch unwichtig.

[5] Vgl. Siehl (1998), S. 61ff.

[6] Bis 1993 bildete die Tschechische Republik zusammen mit der Slowakei die Tschechoslowakei.

[7] Vgl. Katner (2002), S. 68 – Die Arbeit bezieht sich auf die erste 'Privatisierungswelle' (also die ersten fünf Transformationsjahre)! Die Methodenpräferenzen können sich seither geändert haben. Unter Umständen lässt man sich auch mehr Zeit beziehungsweise prüft Kaufinteressenten genauer.

2 Theorie der Privatisierung

2.1 Allgemeine Überlegungen zu Privatisierungen

Unter 'Privatisierung' versteht man die Verlagerung bisher staatlich verrichteter Aktivitäten in den privaten Sektor einer Volkswirtschaft.[8] Auf diese Weise soll die Ressourcenallokation durch den als effizienter vermuteten Markt erfolgen.[9]

Nach dem 2. Weltkrieg fand in Westeuropa eine Welle der Verstaatlichung von Unternehmen statt. Seit den 1970ern ist jedoch die Tendenz zur Privatisierung zu verzeichnen – meist in der Form eines Verkaufs an der Börse. Seit Anfang der 1990er steht nun auch in den Staaten Osteuropas die Privatisierung zuvor planwirtschaftlich geführter Unternehmen im Mittelpunkt der Wirtschaftspolitik. Dabei werden nicht nur Teile, sondern fast die gesamte Wirtschaft privatisiert.[10]

Politikern stellt sich in diesem Zusammenhang jedoch die Frage, wie ein solcher Prozess ablaufen soll.[11] Bis zu welchem Grad werden Aus-/ oder Inländer als Käufer akzeptiert, bevorzugt oder gar jeweils alleine zugelassen? Und welche Rolle spielen institutionelle/private Anleger? Immerhin erhofft man sich von diesen eine bessere Allokation von Ressourcen und positive Effekte für die Volkswirtschaft.[12]

Sind solche Fragen grundsätzlich erörtert, dann macht man sich Gedanken, ob die Privatisierung graduell oder als 'Schocktherapie' durchgeführt wird. Der erste Fall findet Stück für Stück statt. Dabei vermutet man eine höhere Akzeptanz der Bevölkerung, da die Verteilung von Belastungen auf einen größeren Zeitraum erfolgt. Außerdem kann man den begonnenen Prozess wieder stoppen, was bei der 'Schocktherapie' nicht geht. Hier findet die Privatisierung mit einem Mal statt; dies erschwert eine eventuelle Blockade von Seiten der Gegner und unterstreicht die Nachhaltigkeit des Prozess'. Beide Fälle werden im Folgenden dargestellt.

---

[8] Gabler (2003), S. 328 – Genauer: (a) Verselbständigung öffentlicher Aufgabenträger in nun privater Rechtsform (b) Übertragung von bisher öffentlich wahrgenommenen Aufgaben auf Private (c) Veräußerung von Industriebeteiligungen.

[9] Zum besseren Verständnis soll das Wort 'Privatisierung' in dieser Arbeit fortan ausschließlich die Überführung von Staatsunternehmen in Privateigentum bedeuten.

[10] In der ehemaligen DDR zum Beispiel wickelte die mit der Sanierung bzw. dem Verkauf des ehemaligen volkseigenen Vermögens betraute, 1990 gegründete Treuhandanstalt die Überführung der über 8.000 Firmen in Privateigentum ab.

[11] Sofern die Privatisierung kontrolliert und nicht spontan – wie später gezeigt – auftritt.

[12] Dies gilt sowohl auf Anbieter-/ als auch auf Nachfragerseite.

2.2 Praxisbeispiel Privatisierung in Mittel-/ und Osteuropa

Die Umstände der Systemtransformation[13] in Mittel-/ und Osteuropa sowie die Pfadabhängigkeit osteuropäischer Systeme ließen nur den Schluss zu: Der Prozess ist angesichts der für den gewollten Übergang von der Plan-/ zur Marktwirtschaft notwendigen Veränderungen dringend geboten. Ferner ist anzunehmen, dass viele ehemalige Staatsunternehmen ohne Privatisierung schlicht nicht überlebt hätten.[14]

Aus historischen Gründen[15] waren jedoch nicht ignorierbare Teilhabeerwartungen der Bevölkerungen zu berücksichtigen.[16] Dabei waren die Ziele theoretisch stets weitgehend gleich.[17] (1) Politisch der Versuch, die Bevölkerung zu überzeugen und für die großen wirtschaftlichen Veränderungen zu gewinnen. (2) Sozial der Wunsch, vorhandenes Staatseigentum gerecht an die Bevölkerung zurückzugeben. Und (3) ökonomisch die Hoffnung, die marktwirtschaftlichen Kräfte und den Wettbewerb im Land zu stärken und vital zu halten.[18] Hier galt, dass je schneller ein möglichst großer Teil der inländischen Wirtschaft privat betrieben wird, desto eher sich die Produktivitätsgewinne zum Wohl der Volkswirtschaft einstellen.[19] Da sich einzelne Länder jedoch unterschiedlich, sogar konträr, verhielten, wird später untersucht, warum die Staaten bestimmte Wege beschritten und gegenüber anderen favorisierten.[20] Vorerst aber werden die Privatisierungsarten betrachtet.[21]

Wenn man über Privatisierungsarten spricht, dann ist Re-Privatisierung zuerst zu nennen.[22] Diese steht deshalb zu Beginn, weil die komplette und umfassende bzw. nur sehr eingeschränkte und an Bedingungen geknüpfte Rückgabe logischerweise zuerst abgewickelt werden sollte bevor Eigentum privatisiert wird.[23]

---

[13] Damit ist ein grundlegender Ordnungswandel in Wirtschaft und Gesellschaft, hier von der Plan-/ zur Marktwirtschaft, gemeint.

[14] Vgl. Lieberman (1995), S. 1ff.

[15] Hier denke man insbesondere die sozialistische Auslegung des Eigentumsbegriffs.

[16] Vgl. Lowitzsch (2002), S. 17 – Unter anderem dadurch kann man davon ausgehen, dass nationale Kontexte die Strategien entscheidend beeinflusst haben.

[17] Vgl. Kost (1994), S. 47ff. – Besonders ausführliche und umfassende theoretische Aufzählung.

[18] Vgl. Lieberman (1995), S. 3

[19] Vgl. DreBa Trends (2000), S. 1

[20] Dies wird an den Variablen Zeitdruck, Investitionsfreiheit sowie Verstaatlichungsgrad gezeigt.

[21] Vgl. Stark (1998), S. 11ff. - Dazu ist anzunehmen, dass die Art der Privatisierung bzw. Anteilseigner die spätere ökonomische Entwicklung privatisierter Unternehmen maßgeblich mitbestimmt.

[22] Vgl. Stark (1998), S. 11ff. – Rückübertragung von enteignetem und verstaatlichten Eigentum.

[23] Vgl. Katner (2002), S. 69f. – Polen hat sich mittlerweile z.B. für den Ausschluss jeglicher Ansprüche von Alteigentümern ausgesprochen. Davor galt eine eng begrenzte Rückgabe als möglich.

Danach hat der Transformationsstaat die Wahl zwischen drei Bereichen[24]: die für die eigene Bevölkerung gedachte Voucher-Privatisierung, für das Management bzw. Mitarbeiter die Insider-Privatisierung sowie die Outsider-Privatisierung.[25] Darüber hinaus sind Börsengänge sowie Pacht/Leasing denkbar.[26] Alle drei Arten können jedoch nur im Sinne einer 'Initialverteilung' der Anteile angesehen werden. Es ist davon auszugehen, dass sich über kurz oder lang eine Re-Allokation anschließt.[27] Dann 'wandern' die Anteile von 'schwachen' in 'starke Hände'.[28]

Die besonderen Herausforderungen der Privatisierung in Transformationsländern[29], auf die sowohl der Osten, als auch den Westen unvorbereitet war, haben den ganzen Prozess nicht gerade vereinfacht.[30] Dennoch musste allen Beteiligten klar sein, dass Transformation und Eigentumsübertragung irreversibel sind. Massenprivatisierungen[31] haben diese Unumkehrbarkeit unterstützt und die Verlässlichkeit der begonnenen Reformen nach außen hin sichtbar unterstrichen.[32]

Für den weiteren Verlauf der Arbeit bleibt noch zu erwähnen, dass grundsätzliche Privatisierungsbemühungen nicht alleine der Gradmesser für das Funktionieren von Märkten und eine geglückte Transformation sind.[33] Wie sich zeigte, hängt der Erfolg auch maßgeblich von der Art und Weise der Privatisierungen sowie deren Ziele und Strategien ab.[34] Auf den nächsten Seiten werden deshalb die in Osteuropa zuletzt gängigsten Methoden beziehungsweise Empfängerkreise kurz skizziert. Sie verdeutlichen die Unterschiede zwischen den genauer betrachteten Ländern und lassen bereits erahnen, warum sich bestimmte Dominanzen herausbildeten.[35]

---

[24] Vgl. Kost (1994), S. 56ff.

[25] Bei einem solchen Verkauf nach außen stellt sich die Frage nach einem strategischen Investor der Kapital, Technologien und Managementkonzepte mitbringt.

[26] Vgl. Siehl (1998), S. 91ff.

[27] Vgl. Siehl (1998), S. 96

[28] Formulierung frei, jedoch in Anlehnung an André Kostolany, den Börsentheoretiker, gewählt.

[29] Vgl. Beyme (1992), S. 17ff. – Stellvertretend sind hier das Dilemma der Gleichzeitigkeit politischer, wirtschaftlicher und staatlicher Veränderung, hohe Auslandsverschuldung, Reste planwirtschaftlicher Strukturen mentale Prägung der Bevölkerung durch den Kommunismus sowie lediglich ein starker Primär-/ und Sekundärsektor, jedoch aber ein schwacher Tertiärsektor zu nennen.

[30] Vgl. Kümpfer (1992), S. 53ff.

[31] Vgl. Lieberman (1995), S. 1ff. – In Polen wird der Privatisierungsprozess 'mass privatization' und in der Tschechischen Republik 'large scale privatization' genannt. Beide Begriffe bedeuten dasselbe; die rasche Privatisierung von Staatsbesitz unter Beteiligung der jeweiligen Bevölkerung.

[32] Vgl. Lieberman (1995), S. 1ff.

[33] Vgl. Siehl (1998), S. 72

[34] Vgl. Lieberman (1995), S. 1ff.

[35] Vgl. Ragaru (2000), S. 78f.

2.2.1 Insider-Privatisierung

Den ersten Empfängerbereich bilden die 'Insider'. Da sich für privatisierende Regierungen aus theoretischen und praktischen Aspekten eine Anteilsbündelung anbietet,[36] werden Insider ebenfalls berücksichtigt. So war das Ziel auch in Mittel-/ und Osteuropa die Schaffung eines tragfähigen Mittelstands, weshalb die meisten Insiderprivatisierungen bei kleineren und mittleren Unternehmen stattfanden.[37] Darüber hinaus verfügten Insider zu Transformationsbeginn über Kontrollmacht und /-rechte[38]; sollte die Privatisierung gegen deren Interessen sein, dann konnten die jeweiligen Regierungen mit Opposition rechnen.[39] Am polnischen Beispiel zeigt sich, dass ohne direkte Beteiligung der Mitarbeiter an 'ihrem' Unternehmen deren Zustimmung nicht zu erhalten wäre.[40] Dies hing jedoch insbesondere mit der Gewerkschaft Solidarność auf dem Weg zur Transformation zusammen.[41]

Allgemein lässt sich Insider-Privatisierung in managementorientiert und belegschaftsorientiert unterteilen. Beim Management-Buyout wird ein signifikanter Anteil eines Unternehmens an Führungskräfte verkauft.[42] Diese bilden zwar nur eine kleine Interessengruppe, zeichnen sich jedoch durch 'Insiderwissen' aus und haben einen strategischen Vorteil gegenüber externen Käufern da sie den 'wahren' Wert der Firma kennen. Beim Employee-Buyout dagegen verschwindet die Grenze zwischen Kapital und Arbeit da sich Mitarbeiter mindestens die Sperrminorität kaufen.[43]. Deshalb machte die Förderung dieses Modells in Mittel-/ und Osteuropa auch keinen Sinn.[44] Polen liefert dafür zahlreiche Negativbeispiele.[45]

---

[36] Vgl. Richard (1999), S. 92 ff. – Konzentration bzw. Blockbildung kann sich stabilisierend auf den Kurs auswirken, Interessen bündeln und Transaktionskosten senken.

[37] Vgl. Schabert (2000), S. 7ff. – Man kann annehmen, dies gelte auch im Transformationskontext.

[38] Dies gilt insbesondere für Polen und Ungarn in Teilen.

[39] Vgl. Siehl (1998), S. 94ff.

[40] Vgl. Lieberman (1995), S. 25ff. – Darüber hinaus wurden rund 1.000 kleine und mittlere Unternehmen im Rahmen einer 'Liquidation' an Manager und leitende Mitarbeiter veräußert.

[41] Vgl. Tatur (2003), S. 147ff.

[42] Vgl. Schabert (2000), S. 7

[43] Vgl. Schabert (2000), S. 10 – Effizienzsteigerungen (z.B. Entlassungen, Lohnkürzungen) lassen sich somit jedoch nicht oder nur sehr schwer durchsetzten.

[44] Vgl. Richard (1999), S. 116

[45] Vgl. Katner (2002), S. 68 – Insbesondere bei Insider-Privatisierungen in wettbewerbsintensiven Industrien (z.B. Textilien) kam es häufig zum Bankrott nach der Privatisierung. So konnten oft mangels Kenntnis / Kapital weder neue Techniken eingeführt, noch Verträge eingehalten werden.

2.2.2 Outsider-Privatisierung / Öffentlicher Verkauf

Die Outsider-Privatisierung ist der klassische öffentliche Verkauf von ehemaligen Staatsbetrieben im Rahmen der Alternativen: Verkaufsverhandlung, Auktion, Ausschreibung und Börsengang.[46] Diese Methode generiert somit erstmals Kapital von nennenswerter Höhe für die jeweiligen Staatshaushalte. Darüber hinaus, und das erscheint aus Sicht der Unternehmen der wichtigere Punkt zu sein, ermöglicht ein strategischer Käufer Zugang zu frischem Kapital, Technologie und neuen Managementkonzepten.[47] Hinzu kommt, dass Outsider-Privatisierung den Aufbau tragfähiger und nachhaltiger Corporate Governance-Strukturen unterstützt und die Unternehmen auf diese Weise eine reelle Chance haben, überkommene Strukturen abzulegen und sich moderne Unternehmensführungsmethoden anzueignen.

Dies hängt jedoch sehr stark von der Beteiligungsart ab. Ist diese 'passiv', dann treten institutionelle Anleger[48] als Investoren von fremdem, verwaltetem Geld auf. Sie wollen lediglich eine gute mittelfristige Rendite erzielen und haben die Steigerung des 'Shareholder Value' im Blick. Der 'aktive', strategisch orientierte und unternehmerisch denkende Investor sucht hingegen nach einer Verstärkung seiner vorhandenen Geschäftsfelder und einer langfristigen Effizienzsteigerung.

2.2.3 Voucher-Privatisierung

Voucher werden üblicherweise als Zertifikate an die Bevölkerung ausgegeben, die diese dann im Rahmen einer Auktion direkt oder indirekt in Anteile der Staatsunternehmen tauscht. Die meist nennwertlosen Voucher[49] dienen dazu, große (alle) Teile der Bewölkung an der Privatisierung zu beteiligen.[50] Voucher haben den Vor-/ Nachteil dass kein Geld fließt.[51] Missbrauch ist damit zwar eingeschränkt, der Staat generiert jedoch auch keine Einnahmen. Ferner ist unklar, welchen Wert Voucher-Eigentümer ihrem Besitz, und damit ihren Anteilen an Investmentfonds bzw. Staatsunternehmen, tatsächlich beimessen. Es sind ja 'nur' Gutscheine.

---

[46] Vgl. Richard (1999), S. 59 ff. – Diese Methoden können selbstverständlich auch von 'Insidern' oder in Verbindung mit Vouchern genutzt werden. Primär beziehen sich die Alternativlösungen jedoch auf den breiten Markt.

[47] DreBa Trends (2000), S. 1

[48] Investmentfonds, Pensionsfonds, Kreditinstitute, Versicherungen usw.

[49] Vgl. Lieberman (1995), S. 63 – Gilt hier zumindest für alle drei untersuchten Länder.

[50] Zwar haben sicher viele Bürger von den Privatisierungen gehört, nicht zuletzt weil ggf. auch der eigene Arbeitsplatz davon betroffen ist, doch Zusehen und Mitmachen sind zwei Paar Schuhe ...

[51] Vgl. Lieberman (1995), S. 25f.

Darüber hinaus sind die Besitzer – vorerst – keine echten Eigentümer der Unternehmen. Auch ist die Kontrolle über den Privatisierungsprozess und die Umwandlung der Voucher schwierig. Zudem fehlt die Kontrolle der Unternehmensführung durch viele Kleinaktionäre meist gänzlich.[52] Da die Voucher-Privatisierung jedoch schnell umsetzbar ist, kann sie den Privatisierungsprozess relativ einfach einleiten. Später kann man dann ja auf andere Methoden 'umsteigen'.[53]

Das beste Beispiel einer Voucher-Privatisierung in Mittel-/ und Osteuropa bietet die Tschechische Republik. Während der 'großen Privatisierung' konnte jeder Bürger über 18 Jahren einen Bezugsschein im Wert von 1.000 'Investitionspunkten' beziehen. Um Uninteressierte abzuhalten war dessen Erwerb jedoch von der Zahlung einer Gebühr von 1.000 Tschechischen Kronen abhängig.[54] Später konnte man das Zertifikat im Rahmen einer bis zu fünfstufigen Auktion zum Erwerb von beziehungsweise Tausch in Aktien oder Fonds-Aktiengesellschaften einsetzen.

Zusammenfassend kann man festhalten, dass alle drei Privatisierungsarten unterschiedliche Interessenten und Interessen ansprechen. Jede Methode hat ihre besondere Berechtigung und speziellen Einsatzgebiete. Interessant ist in diesem Zusammenhang, in welchen Ländern eine Methode einer anderen vorgezogen wurde und was die Gründe dafür waren. Diese Frage – genau genommen die Fragestellung der Arbeit – wird weiter erörtert. Dazu folgen nun zuerst die Begründung der Länderauswahl, die Fallauswahl, und dann die eigentliche Überprüfung der unabhängigen Variablen. Die Zusammenfassung findet sich im Fazit.

---

[52] Vgl. Bismarck-Osten (1996), S. 6
[53] Vgl. Bismarck-Osten (1996), S. 6
[54] Vgl. Lowitzsch (2002), S. 34f. – Der durchschnittliche Buchwert eines solchen Voucher betrug jedoch 35.000 Tschechische Kronen.

3 Fallauswahl

In Bezug auf Bevölkerungszahlen und Fläche ist Mittel-/ und Osteuropa als Ganzes zwar nicht mit z.B. Indien oder der Volksrepublik China und in Bezug auf Größe und Einfluss der einzelnen Volkswirtschaften auch nicht mit den 'Tigerstaaten' Südostasiens vergleichbar. Dennoch stellen Polen, Ungarn und die Tschechische Republik die drei vermutlich größten Vertreter einer der sich am schnellsten transformierenden und wachsenden Region der Erde dar.[55] Außerdem verfügen sie über die weitest entwickelten Kapitalmärkte der gesamten Region.[56]

Um die Gründe unterschiedlicher dominanter Privatisierungsmethoden besser darstellen zu können, wurden deshalb möglichst kontrastierende Fälle gewählt. Hinzu kommt, dass Polen, Ungarn und die Tschechische Republik seit Beginn der Transformation oft eine jeweilige Nähe zu bestimmten Privatisierungsmethoden nachgesagt wurde. Dies gilt es in der Arbeit nachzuweisen bzw. zu widerlegen.

Vorab muss jedoch noch angemerkt werden, dass nach dem 2. Weltkrieg außer Böhmen und Mähren[57] alle Regionen des ehemaligen Ostblocks agrarisch geprägt waren. Erst in den 1950/60ern kam es, zentral geplant und befohlen, zum Aufbau von Schwerindustrie und einer Urbanisierung.[58] Demzufolge kann man zusätzlich tiefer liegende Gründe in den einzelnen Regionen nicht ausschließen.[59]

3.1 Polen

Als in Polen nach dem 2. Weltkrieg eine sozialistische Marktwirtschaft nach sowjetischem Vorbild eingeführt wurde hat man nahezu alle Produktionsmittel, Rohstoffe, den Verkehr sowie den Handel verstaatlicht.[60] Bedeutendster Wirtschaftszweig wurde das produzierende Gewerbe durch massive Staatsprogramme. Ab Ende der 1970er hatte Polen deshalb mit e-

---

[55] Vgl. Wagstyl (2005), S. 1
[56] Vgl. Munter (2005), S. 3
[57] Somit das Gebiet der heutigen Tschechische Republik.
[58] Vgl. Altmann (2002), S. 536
[59] Man denke hier an historisch gewachsene Unterschiede in der Mentalität bzw. dem Umgang mit bestimmten Situationen. Hinzu kommt, dass z.B. das Land Polen als besonders katholisch gilt. Möglicherweise hatte dieser ebenfalls einen – unterbewussten – Einfluss auf die Privatisierungsart.
[60] Vgl. Katner (2002), S. 61 - In der Nachkriegszeit waren bis zu 9.000 Unternehmen verstaatlicht; Handwerksbetriebe sowie die Landwirtschaft befanden sich hingegen in privater Hand.

normen wirtschaftlichen Schwierigkeiten aus der Aufnahme von Krediten zu kämpfen; daraus ergaben sich Auslandsschulden und Inflation.[61] Die sich in den 1980ern verschlimmernden Schwierigkeiten, waren mitverantwortlich für den Zusammenbruch des Kommunismus in Polen 1989 und folgenden Einsatz einer Koalitionsregierung unter Führung der Gewerkschaftsbewegung Solidarność.[62] Diese leitete ein Reformprogramm[63] ein, um von der Plan-/ zur Marktwirtschaft zu transformieren. Immerhin war Staat 1985 für 81,7 Prozent der polnischen Wirtschaftsleistung verantwortlich.[64]

Durch die weitgehende Liberalisierung des Marktes – ein 'big bang' – zum 01. Januar 1990[65] sank das Bruttoinlandsprodukt und die Arbeitslosigkeit stieg, da die Unternehmen viele Arbeiter entlassen mussten. Nach und nach erholte sich die Wirtschaft jedoch und Produktionssteigerungen, sinkende Arbeitslosigkeit und Inflationsrückgang zeigen, dass sich die Krise beendet ist.[66] Mittlerweile sind zahlreiche Staatsunternehmen teilweise oder vollständig privatisiert; lediglich in wettbewerbsintensiven Branchen, der Schwerindustrie und der Rüstung gibt es noch Defizite.[67] Die selbst gesteckten Ziele wurden bisher zwar grundsätzlich erreicht; trotzdem arbeitet Polen weiterhin an der Erfüllung bzw. Verbesserung.[68]

Doch welches waren, neben der Transformation an sich, die Gründe bzw. Ziele der polnischen Privatisierung? (1) sicherlich der Wunsch nach Effizienz-/ und Produktivitätssteigerung durch die Fondsmanager der nationalen Investmentfonds, (2) Defizitreduktion und Erfüllung internationaler Auflagen, (3) Gewinnung von Staatseinahmen (einmalig bzw. laufend), (4) Steigerung der ausländischen Direktinvestitionen sowie (5) Stärkung des Kapitalmarkts u.a. durch die Erhöhung der Beteiligungsquote in der Bevölkerung und – zumindest gewünscht – breitere Zustimmung zum Reformprozess.[69] Unter Berücksichtigung des Einfluss' von Solidarność scheint die Insider-Privatisierung jedoch zu dominieren.

---

[61] Vgl. Pysz (2003), 122ff.
[62] Vgl. Tatur (2003), S. 147ff.
[63] Es sah eine konvertible Währung, Freigabe der Preise sowie Privatisierung von Staatseigentum vor und sollte diverse Auflagen des Internationalen Währungsfonds und der Weltbank erfüllen.
[64] Vgl. Lieberman (1995), S. 2 – Damit lag Polens Staatsanteil allerdings nur im Mittelfeld der großen Ostblock-Staaten. Andere Anteile zum Vergleich: Sowjetunion (1985) = 96,0%; DDR (1982) = 96,5%; China (1984) = 73,6%
[65] Vgl. Geißler (1995), S. 75f.
[66] Vgl. Pysz (2003), 122ff.
[67] Vgl. Katner (2002), S. 67
[68] Vgl. Katner (2002), S. 67
[69] Vgl. Katner (2002), S. 62

3.2 Ungarn

Bis zum 2. Weltkrieg bildete die Landwirtschaft Ungarns wirtschaftliche Grundlage; darüber hinaus waren die wenigen Industriebetriebe bei Kriegsende fast völlig zerstört. Nachdem die Kommunistische Partei 1948 die Macht übernahm, wurde jedoch besonders an der Industrialisierung – Aufbau einer Schwerindustrie – gearbeitet. Ab Ende der 1980er wurde dann begonnen, die Wirtschaft zu dezentralisieren und ab 1990 auf Marktwirtschaft umgestellt. Gleichzeitig öffnete sich das Land dem Tourismus und man baute den Dienstleistungssektor enorm aus.

Im Unterschied zu Polen verlief Ungarns Übergang zur Marktwirtschaft eher fließend und ohne erkennbaren 'Schock'.[70] Offenbar liegt dies auch am früh eingeleiteten Reformprozess' und der Liberalisierung der Preise. Darüber hinaus hatte der Staat ohnehin nie einen großen Anteil an der Wirtschaftsleistung.[71] Daran zeigt sich, wie 'liberal' Ungarns Wirtschaftspolitik damals schon war. Dies wiederum scheint auch eine relativ ausgewogene Privatisierung (Insider/Outsider) und eine breite Vorgehensweise (Privatisierungsarten) ermöglicht bzw. erlaubt zu haben.

Die für den Transformationsprozess verantwortliche und dominante Mischung aus Politikern, Ökonomen und Gewerkschaftern war demzufolge wohl auch dafür verantwortlich, dass Ungarn den wirtschaftsliberalen Ansatz auf Privatisierungen ausweiten konnte, sich für ein bestimmtes Vorgehen entschied.[72]

3.3 Tschechische Republik

Im Unterschied zu Polen bevorzugte man in der Tschechischen Republik[73] eher einen 'minimum bang'. So wurde die Preisbildung zwar dem Markt überlassen und der Außenhandel liberalisiert – jedoch nur schrittweise.[74] Dass sich die Regierung besonders um die Wirtschaftspolitik respektive die ökonomische Freiheit kümmern würde, deutete sich schon kurz nach der Wende bzw. den Wahlen an.[75] Man kann deshalb davon ausgehen, dass dieser Bereich als be

---

[70] Vgl. Geißler (1995), S. 75f.
[71] Vgl. Lieberman (1995), S. 2 – Im Jahre 1984 nur 65,2 Prozent. Zum Vergleich: Sowjetunion (1985) = 96,0%; DDR (1982) = 96,5%; China (1984) = 73,6%
[72] Vgl. Altmann (2003), S. 185
[73] Bis 1993 bildete die Tschechische Republik zusammen mit der Slowakei die Tschechoslowakei, die wegen ihres entwickelten industriellen Sektors in der Untersuchung eine Ausnahme darstellt.
[74] Vgl. Geißler (1995), S. 75f.
[75] Vgl. Berglund (2004), S. S. 226f.

sonders wichtig eingestuft wurde. Auch der große Einfluss von Ökonomen beim der Transformation war unverkennbar.[76] Diese waren allerdings auch verantwortlich, dass der Privatisierungsprozess von einem raschen, radikalen Beginn – in diesen fallen die beiden Wellen der Privatisierung[77] – und einer Flaute ab Mitte der 1990er geprägt ist.[78]

Ferner sorgten sie dafür, dass bei Privatisierungen sowohl der 'top-down-Ansatz', weil alle großen/mittelgroßen Unternehmen privatisiert werden mussten, als auch 'bottom-up-Ansatz', weil die Unternehmen ihre eigene Privatisierung vorbereiten konnten, verwirrenderweise zum Einsatz kam. Lediglich die Privatisierungsziele waren dieselben wie in den anderen Ländern: (1) Gerechte Verteilung von Staatseigentum, (2) Erhöhung des Wettbewerbs und Stärkung des Kapitalmarkts und (3) Restrukturierung der Staatsunternehmen durch strategische Investoren (sowohl private als auch durch Investmentfonds).

Zusammenfassend kann man festhalten, dass die Ausgangssituation (Ostblock) und die Ziele (Privatisierung/Transformation) zwar in allen drei untersuchten Ländern die gleichen waren. Die Ausführung des Privatisierungsprozess' in Polen, Ungarn und der Tschechischen hingegen differierte stark. Wie es dazu kam und wie jedes der untersuchten Länder mit seinem 'Set' an Werten bzw. Beschränkungen umging, wird auf den nächsten Seiten mit Hilfe der Variablen 'Freiheit des Kapitals', 'Zeitdruck' und 'Grad der (bisherigen) Verstaatlichung' untersucht.

---

[76] Vgl. Altmann (2003), S. 185 – Bestes Beispiel ist der spätere Premierminister Vaclav Klaus.
[77] Vgl. Piggot (1999), S. 390 - Erste Welle: Voucher mit bis zu fünf Bieterrunden; zweite Welle: eher MBO / EBO, Auktionen, Tender und Direktverkäufe (wegen höherer Preise?) präferiert.
[78] Vgl. Altmann (2003), S. 180ff.

4 Untersuchung

Aus verschiedenen für die Region vermeintlich gültigen Variablen wurden die drei ebenfalls vermeintlich stärksten ausgewählt. Dabei handelt es sich wie eben bereits angekündigt um die 'Freiheit des Kapitals', also wie frei Investitionsentscheidungen sind bzw. sein sollen und wie hoch die Freiheit des Kapitalflusses bewertet wird. Ferner wird der 'Zeitdruck', unter dem Regierungen subjektiv / objektiv standen, untersucht. Hierzu kann man überlegen, welches der deshlab nötige schnellste Privatisierungsweg ist. Drittens spielte der 'Grad bisheriger Verstaatlichung', also wie verankert Nationalisierung ist, eine wesentliche Rolle.

Unbeachtet bleibt hingegen welches Anrecht Werktätige auf eine Beteiligung haben und wie es um das 'Verständnis über die Unternehmenszugehörigkeit' von (Mit-)Arbeitern steht. Ferner spielt die für Regierungen zweifelsohne wichtige Frage der 'Festigung der Demokratie bzw. Marktwirtschaft' keine Rolle.

4.1 Freiheit des Kapitals

4.1.1 Polen

Polen verfügt über eine für Staaten des ehemaligen Ostblocks relativ lange Reformtradition; seit den 1960/70er Jahren wurden hier Reformen verfolgt und Kleinstgewerbe, später auch kleine Unternehmen, wieder zugelassen.[79] Letztlich zeigte sich in der Phase ökonomischer Reformen, dass Privatunternehmen viel effizienter arbeiten können als Staatsbetriebe.[80] Auch ist das Recht auf Eigentum in der polnischen Verfassung von 1997 grundlegend und unverletzlich verbrieft.[81]

Allerdings sollte ein Teil des Staatseigentums, immerhin 60%, in 15 nationale Fonds transferiert werden.[82] Diese sollten durch erfahrene Fondsmanager geleitet werden und dazu führen, die Interessen der neuen Eigentümer[83] zu bündeln und deren Besitz zu mehren. Hinzu kam,

---

[79] Vgl. Kost (1994), S. 78ff.

[80] Vgl. Katner (2002), S. 61 - Darüber hinaus wurde das ausländische Kapital jedoch auch für die Modernisierung und zur Erschließung neuer Märkte dringend benötigt.

[81] Vgl. Katner (2002), S. 61 - Hierbei wird zwischen staatlichem und kommunalem sowie zwischen öffentlichem und privatem Gut unterschieden.

[82] Vgl. Lieberman (1995), S. 10ff.

[83] Um Anteile an den nationalen Investmentfonds zu erhalten, wurde eine dem tschechischen Modell ähnliche Art von Vouchern, 'master share certificates', ausgegeben.

dass Insider massiv bevorzugt wurden. Eine Entscheidung zu gezielten Einzelengagements war Investoren somit verwehrt.

4.1.2 Ungarn

Besonders Ungarn hat sich im Öffentlichen Verkauf schon früh einen – nicht immer rühmlichen – Namen gemacht. So gab ein Gesetz von 1988 ungarischen Unternehmen die Möglichkeit, eine 'moderne', westliche Rechtsform zu erhalten und startete damit vereinzelte 'spontane Privatisierungen'.[84] So wurde die bisherige 'Geschäftsführung', also Partei respektive Staat, entmachtet und stattdessen ein 'Unternehmensrat' eingesetzt und mit der Unternehmensführung beauftragt. Der Rat bestand nur aus Mitarbeitern und konnte fortan autonom und frei über alle wesentlichen Fragen entscheiden. Damit wurden zwar bereits während der Zeit des 'Eisernen Vorhangs' private Initiativen toleriert und versucht, die Wirtschaft zu dezentralisieren, nach der Wende trieb die Investitionsfreiheit jedoch Blüten.

Ab 1989 kam es massiv zu spontanen Privatisierungen von Unternehmen.[85] Man erkannte, dass ein Überleben nur mit im Land nicht verfügbaren finanziellen und technischen Mitteln möglich war. Ferner bot die spontane Privatisierung die Möglichkeit persönlicher Vorteilsnahme und der Staat war – ganz legal – außen vor; eine Kontrolle gab es nicht. Die resultierende 'Privatisierungswelle' wurde in der Öffentlichkeit jedoch heftig kritisiert. Man vermutete, dass diese 'unkontrollierte' Privatisierung nationales Vermögen unter Wert abgibt bzw. vernichtet.[86] Um in den 'Genuss' solcher spontanen Aktionen zu kommen, musste man allerdings gut verbunden sein; ohne Netzwerk gab es keine Chance auf günstige Schnäppchen.[87]

Um negative Folgen abzufedern und zu verhindern, dass allzu frei über staatliches Vermögen verfügt wird, gründete man 1990 die 'Staatliche Vermögensagentur'.[88] Auf diese Weise sollte der, trotz spontanen Privatisierungen noch immer verbliebene, Staatsanteil von rund 90 auf nur noch 20 bis 30 Prozent gesenkt werden.[89]

---

[84] Vgl. Boric (1996), 201ff.

[85] Vgl. Geißler (1995), S. 79ff.

[86] Vgl. Boric (1996), 201ff. – Dies wirft jedoch die Frage auf, wer der wirkliche Eigentümer der Unternehmen ist: der Staat oder gehört das Unternehmen sich selbst?

[87] Vgl. Rothacher (2002), S. 12f.

[88] Vgl. Geißler (1995), S. 82 – Von dort wurden rund 2.000 Unternehmen betreut, in Kapitalgesellschaften umgewandelt und manchmal auch i. S. eines Konkurses geschlossen.

[89] Vgl. Boric (1996), 204ff.

In der Folge führte Ungarn sowohl eine 'kleine', als auch eine 'große Privatisierung' durch. Die erste galt für kleinere Transaktionsvolumen[90] und sollte das Privateigentum und die private Geschäftstätigkeit fördern; die große hingegen widmete sich Großunternehmen und sollte Kapital und Innovation ins Land holen.

Damit verfolgte Ungarn zwar eine marktorientierte Herangehensweise; der Staat hält manchmal jedoch eine 'Goldene Aktie'[91] und der offene Anteilsverkauf führte dazu, dass viele Pakete von Ausländern[92] gehalten werden – diese brachten aber sonst schwer zugängliche Technologien, frisches Kapital und erfolgreiche Managementkonzepte mit.[93] Ein Beispiel dafür ist der ungarische Bankensektor. Er gehört mittlerweile zu den profitabelsten in ganz Europa und befindet sich nahezu komplett in ausländischer, meist österreichischer oder deutscher, Hand.[94]

4.1.3 Tschechische Republik

Die Tschechische Republik verfügt – zumindest im Sinn der anderen untersuchten Länder – über keine Reformtradition; insbesondere nach August 1968 fand in der Bevölkerung sogar ein resignierter Rückzug ins Privatleben statt.[95] Hinzu kommt, dass die Tschechoslowakei über eine der höchsten Verstaatlichungsquoten – über 90 Prozent – im ehemaligen Ostblock verfügte. Da erstaunt es umso mehr, dass die in der Wendezeit an die Macht gekommenen Wirtschaftswissenschaftler um Vaclav Klaus Adam Smiths 'Theorie der unsichtbaren Hand'[96] umsetzen wollten.

Ihrer Meinung nach sollten die an die Bevölkerung 'verkauften' Voucher dazu führen, dass jeder beteiligt wird und sein bestes Investment findet. Damit waren die Menschen jedoch offenbar überfordert und es entwickelten sich spontan knapp 450 Investmentfonds, die den Voucher-Tausch in Fondsanteile offerierten.[97] Hinzu kam, dass das 'Privatisierungsgesetz'[98]

---

[90] I.S.v. unter zehn Mitarbeitern.
[91] Entweder tatsächliche oder über Vinkulierung erzielte Stimmenmehrheit bzw. Sperrminorität um sicherzustellen, dass der Staat weiterhin Mitspracherecht in wichtigen Angelegenheiten hat.
[92] Dies gilt besonders bei Banken, in der Kommunikation, der Industrie oder auch bei Versorgern.
[93] Vgl. Piggot (1999), S.389
[94] Vgl. Höller (2005), S. A2
[95] Vgl. Kost (1994), S. 78ff.
[96] Der Markt allokiert alle Ressourcen am besten.
[97] Dann bietet der Fonds bei den staatlichen Tausch-Auktionen unter Allokationsgesichtspunkten kollektiv mit. In der ersten Welle entscheiden sich 72% und in der zweiten immerhin noch 63% aller Voucherinhaber für den Tausch in Fonds anstelle eines gezielten Direktengagements.)
[98] Vgl. Richard (1999), S. 188 – Langform: 'Gesetz über die Bedingungen von Übertragung staatlichen Eigentums an andere Personen' vom 26. Februar 1991

die Bevorzugung Einzelner zwar untersagte. Trotzdem war es mit Vouchern möglich, alle (zumindest die Inländer) kollektiv zu bevorzugen. Darüber hinaus gelang es der Regierung durch die Voucher-Privatisierung Vermögen nicht unter Wert an Fremde abzugeben.

Darüber hinaus bestand die Hoffnung, Investitionsfreiheit durch die Installation von Börsen zu erzielen.[99] Mit – zum Ende der zweiten Privatisierungswelle 1996 – über 1.700 Aktiengesellschaften bzw. börsennotierten Fonds-Aktiengesellschaften kann man sich auch nicht über den Mangel an Anlagemöglichkeiten beschweren. Da Tschechen die 'Börse' bis zu diesem Zeitpunkt jedoch nur theoretisch kannten, sah sich die Regierung gezwungen, ihren Bürgern den Einstieg zu vereinfachen.[100]

Im Unterschied zu Polen und Ungarn führte die Privatisierung des 'gesamten' Landes und dessen Börsennotierung eher zu Verwirrung als zu Interesse am Kapitalmarkt.[101] Aus Sicht der Börse hat sich der tschechische Weg als den anderen unterlegen erwiesen; dies liegt wohl besonders an der 'Voucher'-Strategie.[102]

4.2 Zeitdruck

Die anfangs gewählte Restrukturierungsstrategie entscheidet ebenfalls über die Privatisierungsgeschwindigkeit. So bieten sich (1) die systemische und (2) die Mikro-Restrukturierung an.[103] Als Grundlage der systemischen Restrukturierung wird angenommen, dass alle Probleme auf Unternehmensebene durch die Übel der Planwirtschaft entstanden sind; der Mikro-Restrukturierung hingegen liegt die Annahme zugrunde, dass frisches Kapital und neue Konzepte Restrukturierung ermöglichen. Demzufolge wird hier zuerst restrukturiert und dann privatisiert.

Setzt man sich jedoch unter Zeitdruck, dann kann es unter Umständen zu einer Art 'Schocktherapie', sozusagen dem kollektiven Markteintritt der Volkswirtschaft in den Kapitalmarkt, kommen.[104] Dem steht die langfristig geplante, graduelle, also die zeitlich verzögerte, Privatisierung gegenüber. Aus finanzwirtschaftlicher Sicht sprechen jedoch mehr Gründe für ein 'so

---

[99] Vgl. Richard (1999), S. 203ff.
[100] Offenbar wollten viele Voucher-Besitzer diese jedoch nicht dauerhaft behalten, sondern verkauften stattdessen so früh wie möglich zu jedem gebotenen Kurs. Dadurch entstand ein die Kurse belastender, rund ein Jahr dauernder Abgabedruck an der Börse.
[101] Vgl. Richard (1999), S. 206ff.
[102] Vgl. Richard (1999), S. 206ff.
[103] Vgl. Lowitzsch (2002), S. 18
[104] Vgl. Richard (1999), S. 48ff.

schnell als möglich'[105] als für ein – wie auch immer genutztes Abwarten, da hier Negativfolgen eher verschleppt werden.

4.2.1 Polen

Anfangs[106] sollte in Polen ebenfalls ein Massenprivatisierungsprogramm ins Leben gerufen werden. Zu diesem Zweck wollte man rund 400 Unternehmen in Aktiengesellschaften umwandeln und dann an Investmentfonds verkaufen; auf diese Weise sollten innerhalb von nur fünf Jahren über 50 Prozent aller Staatsbetriebe privatisiert sein.[107] Aus bürokratischen/organisatorischen Gründen stimmte das Warschauer Parlament dem Plan jedoch erst nach mehr als anderthalb Jahren zu. Zu diesem Zeitpunkt ging man allerdings schon davon aus, dass der Privatisierungserfolg – und damit der Erfolg der aller ökonomischen Reformen – nicht von Schnelligkeit, sondern von nachhaltigeren Faktoren[108] abhängt. So wurde fortan mehr Wert auf Unternehmensentwicklung, Eigenkapitalstärkung und Sicherung / Schaffung von Arbeitsplätzen gelegt.[109] Ferner wurden die rund 8.000 zu privatisierenden Unternehmen als Herausforderung angesehen und man tendierte eher zu einer ausgewogenen Privatisierung und breit angelegter Vorgehensweise.

Hinzu kommt, dass neben der o.g. offiziellen Version gerade auch das Machtvakuum auf E-bene der Unternehmensführungen zu Transformationsbeginn zu Zugeständnissen führte. So fühlte sich die ehemalige Leitung für aktuelle Herausforderungen oft nicht zuständig. Auf diese Weise entstand – leicht unter Zeitdruck – ein Prozess der 'spontanen' Privatisierung zu Gunsten ausgewählter Mitarbeiter.[110]

4.2.2 Ungarn

Ungarn verfügt über eine lange Reformtradition; bereits seit 1968 und verstärkt ab Mitte der 1980er wurde eine breite Liberalisierung der Wirtschaft vorangetrieben. So wurden zuerst

---

[105] Vgl. Richard (1999), S. 53
[106] Ungefähr Juli 1991.
[107] Vgl. Piggot (1999), S. 389
[108] Hier ist insbesondere auch die Zustimmung der Belegschaft beziehungsweise der dahinter stehenden Gewerkschaft Solidarność zu nennen. Darüber hinaus hat man am tschechischen Beispiel gesehen, dass eine Restrukturierung vor der Privatisierung durchaus Sinn machen kann.
[109] Vgl. Katner (2002), S. 62
[110] Vgl. Lieberman (1995), S. 1ff. – Allerdings nicht ganz so radikal wie in HU.

Kleinst-/ und Kleingewerbe, später Unternehmen erlaubt.[111] Man kann deshalb davon ausgehen, dass ein 'Vorlauf' für Privatisierungen vorhanden war. Demzufolge scheint es einen ab der Wende aufgebauten Zeitdruck nicht, sondern vielmehr einen Zeitvorsprung im Bewusstsein für Reformen zu geben.[112]

Anfang der 1990er kam es[113] dann auch zu raschen Privatisierungen mit Hilfe von Börsengängen. Auf diese Weise floss ausländisches Kapital ins Land, was heutzutage die hohen Besitzanteile ausländischer Investoren begründet.[114] Allerdings wurden 1994, bedingt durch ungewollte Privatisierungen, Reformen durchgeführt und die Staatskontrolle sowie die Interessenwahrung der Inländer erhöht.

Damit wird die Ansicht, dass Ungarn nicht unter Zeitdruck stand, gestützt, da dieses Privatisierungsregelwerk[115] erst schrittweise in Kraft gesetzt wurde.[116] Auch war von Anfang an das Bewusstsein für die Notwendigkeit strategischer Investoren für eine richtige Restrukturierung und einen nachhaltigen Aufschwung da.[117]

4.2.3 Tschechische Republik

Das Vorgehen in der Tschechischen Republik kann mit einem Satz umschrieben werden: 'So schnell wie möglich, um positive Reputationseffekte für die lokale Transformationspolitik zu erzielen.'[118] Darauf weißt auch die eher liberale[119] Gesetzgebung dieser Zeit hin. Sie ließ zahlreiche alternative Privatisierungsmethoden[120] zu – die je nach Unternehmen auch ausgeführt wurden. Um Zeit zu sparen wurde ferner auf die 'Sanierung vor der Privatisierung' verzichtet. Darüber hinaus entstand der Zeitdruck insbesondere auch durch die Notwendigkeit eines schnellen institutionellen Wandels mangels Reformen Ende der 1980er.[121] Allerdings konterkarierte Premierminister Vaclav Klaus diese Idee dadurch, dass er die alten Seilschaften

---

[111] Vgl. Kost (1994), S. 78ff.
[112] Vgl. Altmann (2002), S. 313ff.
[113] Insbesondere aufgrund der zahlreichen spontanen Privatisierungen.
[114] Vgl. Beyerle (2005), S. A4
[115] Es gab fortan 'vereinfachte' und 'große' Privatisierung sowie das 'Privatisierungsleasing'. Letzteres erlaubte 'Käufern' über das Unternehmen zu verfügen; Eigentümer blieb aber der Staat.
[116] Vgl. Boric (1996), 214ff.
[117] Vgl. Altmann (2002), S. 536ff.
[118] Vgl. Richard (1999), S. 188ff.
[119] Im Sinne einer beschränkungsarmen Gesetzgebung.
[120] Insider und Outsider
[121] Vgl. Kost (1994), S. 123

an ihren jeweiligen Posten beließ; der Privatisierung an sich mangelte es somit wie beschrieben an der notwendigen Restrukturierung.[122]

4.3 Quantitativer und qualitativer Grad der Verstaatlichung

4.3.1 Polen

Der Verstaatlichungsgrad Polens lag zu Transformationsbeginn eher im Mittelfeld der Länder Osteuropas. Aus diesem Grund wurde vorab keine dominante Investmentstrategie festgelegt und stattdessen alle alternativen Möglichkeiten erlaut.[123] Ziel war es, die gerechte Verteilung des Staatseigentums zu gewährleisten. Dieser Ansatz scheiterte jedoch in Teilen, da der Einfluss der Gewerkschaftsführer im Transformationsprozess dominant war[124] und Mitarbeiterbeteiligung als Kompensation des Machtverlusts der Selbstverwaltungsorgane notwendig erschien.[125]

Berücksichtigt man jedoch die Sondersituation Polens – also Staat und Gewerkschaften – als Ganzes, so muss dennoch angenommen werden, dass zumindest der qualitative Grad der Verstaatlichung in diesem Land überdurchschnittlich hoch war. Dies wiederum wird unterstützt von der Tatsache, dass Polen eben nicht in erster Line staatlich, sondern insbesondere spontan privatisierte. Dazu passt auch, dass zu Beginn nur 460 Unternehmen tatsächlich verkauft wurden.[126] Heute allerdings kontrollieren neben dem polnischen Staat ausländische Eigentümer weite Teile der inländischen Wirtschaft. Man kann somit davon ausgehen, dass die Art der Privatisierung dazu beigetragen hat, dass es Polen nun relativ gut geht.[127]

---

[122] Vgl. Altmann (2002), S. 536ff.
[123] Vgl. Lieberman (1995), S. 58
[124] Vgl. Altmann (2003), S. 185
[125] Vgl. Lowitzsch (2002), S. 19ff.
[126] (quasi als Versuch davon rund 60% an 15 nationale Fonds, 15% an Mitarbeiter, 25% an den Staat für den späteren Verkauf –)
[127] Vgl. Background Notes Poland (o.D.)

4.3.2 Ungarn

Der Verstaatlichungsgrad Ungarns lag stets weit unterdurchschnittlich; und auch die Anstrengungen für eine schnelle Marktliberalisierung lassen absolut nicht auf diesen Grund für die Wahl einer dominanten Methode schließen – im Gegenteil.[128]

4.3.3 Tschechische Republik

Der 'Vorgängerstaat' der Tschechischen Republik, die Tschechoslowakei[129], gehörte zu den Staaten des Ostblocks mit einer besonders hohen Staatsquote.[130] Mit rund 97% Staatsanteil konnte man davon ausgehen, dass praktisch alle Aktivität staatlich war.[131] Dies machte Privatisierung zwar einerseits leichter,[132] andererseits jedoch komplex und anspruchsvoll. Unter diesem Eindruck kam man dann auch mit Hilfe der Voucher-Privatisierung schnell von einem Extrem in das andere.[133]

Allerdings schien der oben beschriebene Zeitdruck wohl auch besonders aus dem hohen Verstaatlichungsgrad zu resultieren; trotz dessen Höhe konnte bereits Ende 1992 die erste und Ende 1994, nicht einmal fünf Jahre nach Beginn der Transformation, die zweite Privatisierungswelle als formal abgeschlossen bezeichnet werden.[134] In fünf Runden wurden in der Tschechischen Republik 943 Unternehmen mit rund 865.000 Mitarbeitern privatisiert. Davon gingen knapp 93 Prozent an neue Eigentümer und der Rest blieb vorerst beim Nationalen Eigentumsfonds.[135]

Dafür erhielt das Land Mitte der 1990er viel Lob: die Transformation schien gelungen.[136] Allerdings wirtschaften auch nach den zwei Privatisierungswellen[137] einige ehemalige Staatsun-

---

[128] Vgl. Kost (1994), S. 78ff.

[129] Seit 01. Januar 1993 gehen die Tschechische bzw. die Slowakische Republik getrennte Wege

[130] Vgl. Richard (1999), S. 186f.

[131] Vgl. Lieberman (1995), S. 2 – 1986 war der Staat für 97,0 Prozent der tschechoslowakischen Wirtschaftsleistung verantwortlich. Damit verfügte diese Gesellschaft über die – noch vor der Sowjetunion! – am stärksten verstaatlichte Wirtschaft aller Ostblock-Staaten. Zum Vergleich: Sowjetunion (1985) = 96,0%; DDR (1982) = 96,5%; China (1984) = 73,6%

[132] Frei nach dem Slogan: 'Alles muss raus!'

[133] Vgl. Lieberman (1995), S. 58 – Über-Verstaatlichung vs. Schnell-Privatisierung. Da Massenprivatisierung als dominante Strategie des Landes gewählt wurde, gingen über 90% der Anteile an die Öffentlichkeit. Auch gab es keine Bevorzugung bei der Zuteilung oder dem Preis für Insider.

[134] Vgl. Lieberman (1995), S. 60

[135] Vgl. Lieberman (1995), S. 67ff.

[136] Vgl. Rothacher (2002), S. 200ff.

[137] Die Privatisierung erfolgte in Stufen: (1) die 'Restitution', also die Rückgabe zwischen 1948 und 1990 enteigneter Vermögenswerte nach dem Grundsatz 'Rückgabe vor Entschädigung'(Vgl. Lowitzsch (2002), S. 89ff.)

ternehmen genauso wie zuvor. Dies kommt jedoch davon, dass die Unternehmenskontrolle noch nicht ausgeprägt ist, Manager nach Gutdünken wirtschaften können[138] und die Mitarbeiterbeteiligung bei nahezu null liegt.[139]

---

(2) Dann die 'kleine Privatisierung' von rund 24.000 Klein-/ und Kleinstunternehmen (Vgl. Geißler (1995), S. 81) im Rahmen einer 'holländischen Auktion' bis Ende 1993. Abschließend (3) die 'große Privatisierung' aller übrigen rund 5.000 (Vgl. Geißler (1995), S. 75f.) – Von den übrig geblieben Unternehmen sollte der größte Teil staatlicher bleiben.
[138] Vgl. Bismarck-Osten (1996), S. 6
[139] Vgl. Lowitzsch (2002), S. 17

5 Zusammenfassung und Schlussfolgerungen

Gegen Ende der vorangegangenen Untersuchung wurden die – oft signifikanten – Unterschiede zwischen den verglichenen Staaten sicherlich deutlich. Auch scheint nun die Frage nach der jeweils dominanten Strategie Polens, Ungarns und der Tschechischen Republik und den dazu führenden Gründen beantwortbar zu sein.

Für die weiteren Ausführungen soll deshalb erneut die eingangs aufgeworfene Hypothese, wonach bestimmte, länderspezifische Gründe die jeweilige Entscheidung beeinflusst haben, erwähnt werden. Sie ist jetzt absolut zu bejahen, da zweifelsohne nachgewiesen werden konnte, dass die Unterschiede nicht nur in der Wahl der Privatisierungsmethoden, sondern auch in den individuellen Ausgangssituationen bestehen.[140] Interessant ist dabei, warum eine Vorgehensweise gewählt wurde. Dazu lassen sich jetzt anhand der unabhängigen Variablen 'Freiheit des Kapitals', 'Zeitdruck', und 'Grad der Verstaatlichung' folgende Schlüsse ziehen:

(1) Polen und Ungarn verfügen im Wirtschaftsbereich gegenüber der Tschechischen Republik über eine Reformtradition. Allerdings driftete Polen zu Transformationsbeginn durch den Einfluss der Solidarność eher in Richtung kollektiven Eigentums; wohingegen in Ungarn der öffentliche Verkauf – selbst ins Ausland – (Outsider-Privatisierung) favorisiert wurde. Zwar lassen sich in der Tschechischen Republik insbesondere in der Förderung der Voucher bzw. der Börse (Kapitalmarkt) auch Ansätze zur Kapitalfreiheit erkennen. Diese scheinen aufgrund des definitiv vorhandenen Zeitdrucks jedoch eher überstrapaziert und unausgegoren.

(2) Auch bei der Frage des Zeitdrucks selbst spielt die Reformtradition eine wichtige Rolle. Da Polen und Ungarn in der vermeintlich glücklichen Lage waren, 'vorbereitet' gewesen zu sein, sahen sich beide Länder keinem Zeitdruck gegenüber. In Polen sollten die Privatisierungen anfangs zwar schnell starten, interne Schwierigkeiten und die Gewerkschaften verhinderten dies jedoch. Stattdessen kam die Richtungsänderung hin zu mehr Nachhaltigkeit und zu Gunsten der Insider-Privatisierung. In Ungarn dagegen konnte die bereits liberalisierte Wirtschaft den Zeitvorsprung gezielt nutzen und so den öffentlichen Verkauf von Staatseigentum forcieren. Lediglich die Tschechische Republik scheint – bedingt durch ihre seit Ende der 1960er bestehende Lethargie im Zuge des Prager Frühlings – keine Wirtschaftsreformen durchgeführt zu haben. Kombiniert mit der ehemals hohen Staatsquote führte dies zu Beginn

---

[140] Wohl wissend, dass alle Länder Osteuropas mit der Privatisierung ganzer Volkswirtschaften als Teil des gesamtgesellschaftlichen Wandels der Transformation ausgesetzt waren und sind.

des osteuropäischen Transformationsprozess' dazu, dass ein klarer Zeitdruck erkennbar wurde. Immerhin konnte und wollte man den anderen Ländern der Region in nichts nachstehen. Und da die Voucher-Privatisierung die schnellsten Erfolge versprach[141] wurde sie favorisiert.

(3) Betrachtet man darüber hinaus auch den jeweiligen Grad der Verstaatlichung, dann fällt auf, dass die Tschechische Republik mit rund 97% Staatsquote gegen Ende der 1980er (neben den versäumten Reformen) schlicht keine andere Wahl hatte: man musste aufgrund des Zeitdrucks und der erdrückenden Staatsquote eine schnell zu realisierende Lösung wählen. Dazu bot sich die Voucher-Privatisierung geradezu an. Demgegenüber befanden sich Polen und Ungarn in einer fast paradiesischen Lage. Letzteres mit einer relativ geringen Staatsquote, marktliberal und durch den Zeitvorsprung gut vorbereitet; ersteres zwar mit einem im Mittelfeld befindlichen Grad quantitativer und qualitativer Verstaatlichung, aber trotz der Sondersituation durch die Mitwirkung der Gewerkschaften dennoch gut gerüstet.

Diese drei Schlüsse lassen sich nun einfach zu folgendem Bild zusammenfassen: (a) In Polen dominierte die Methode der Insider-Privatisierung (Freiheit des Kapitals) durch die Gewerkschaften, (b) in Ungarn die Outsider-Privatisierung (Freiheit des Kapitals) durch marktliberale Vorarbeiten und den daraus resultierenden Zeitvorsprung und (c) in der Tschechischen Republik (Zeitdruck sowie quantitativer und qualitativer Grad der Verstaatlichung) die Voucher-Privatisierung.

Demzufolge konnte in der Untersuchung nun auch nachgewiesen werden, dass ganz bestimmte, länderspezifische Gründe die jeweiligen nationalen Entscheidungen beeinflusst haben. In wieweit die gewählten unterschiedlichen Methoden jedoch eher erfolgreich bzw. eher erfolglos waren bleibt offen. Dies zu klären wäre eine neue Fragestellung. Vorab nur soviel, alle drei Länder haben in den letzten 15 Jahren entscheidende Fortschritte bis hin zur EU-Vollmitgliedschaft gemacht. Dies wäre ohne Transformationsprozess und Privatisierungen sicher nicht möglich gewesen. Somit scheinen alle 'Hauptstrategien' zumindest zielführend zu sein.

---

[141] Zumindest nach Meinung der an der Regierung beteiligten bzw. sie beratenden Ökonomen.

6 Literatur- und Quellenverzeichnis

Background Notes Hungary (o.D.): (o.V.) *Background Notes - Hungary*, US Department of State, [Internet 10.08.2005] www.state.gov/r/pa/ei/bgn/26566.htm#econ

Berglund (2004): Berglund, S. et al (Hrsg.), *The handbook of political change in Eastern Europe*, 2nd edition, Edward Elgar Publishing, Cheltenham 2004

Beyerle (2005): Beyerle, H., *Heiße Ware an Budapests Börse: Die ungarischen Kapitalmärkte sind stark von hochspekulativen Investoren aus dem Ausland geprägt*, FTD, Beilage 'Potential Osteuropa - Ungarn', Hamburg, 18.04.05, [Internet 10.08.2005] www.ftd.de

Beyme (1992): Beyme, K. v., *Systemwechsel in Osteuropa*, Suhrkamp, Frankfurt am Main 1992

Bismarck-Osten (1996): Bismarck-Osten, M.v., *Privatisierung in Mittel-/ und Osteuropa: Marktkräfte setzen sich nur allmählich gegen Insiderkartelle durch*, Handelsblatt Nr. 147, 01.08.1996, [Internet 08.08.2005] www.e-fellows.net – Zugang zur Genios-Datenbank

Boric (1996): Boric, T., *Eigentum und Privatisierung in Ungarn und Kroatien – Wandel des Eigentumsrechtssystems und Entwicklung der Privatisierungsgesetzgebung*, Edition Juristische Literatur, Wien 1996

DreBa Trends (2000): (o.V.), Dresdner Bank Trends: *Privatization in Eastern Europe*, 28.04.2000, [Internet 10.08.2005] www.e-fellows.net – Zugang zur LexixNexis-Datenbank

Gabler (2003): (o.V.), *Gabler Kompakt-Lexikon Volkswirtschaft – 3.500 Begriffe nachschlagen, verstehen, anwenden*, 2. Auflage, Gabler, Wiesbaden 2003

Geißler (1995): Geißler, F., *Transformation und Kooperation – Die ostmitteleuropäischen Systemumbrüche als kooperationspolitische Herausforderungen der EG*, Leipziger Schriften zur Gesellschaftswissenschaft, Band 1, Nomos, Baden-Baden 1995

Höller (2005): Höller, C., *Heimvorteil für ausländische Kreditinstitute – Ungarns Banken gehören zu den profitabelsten in Europa*, Financial Times Deutschland, Sonderbeilage 'Potential Osteuropa - Ungarn', Hamburg, 18.04.05, [Internet 10.08.2005] www.ftd.de

Katner (2002): Katner, W., *State Ownership and Private Ownership – Legal Aspects of Privatisation in Poland*, in: Bostyn, F. et al (Hrsg.), Ownership and Privatisation in Poland – Governance Implications of Poland's Accession to the EU, Garant, Antwerpen 2002

Kost (1994): Kost, M., *Analyse der Industrieprivatisierung in Polen, Ungarn und der CSFR*, Europäische Hochschulschriften, Verlag Peter Lang, Frankfurt am Main 1994

Kümpfer (1992): Kümpfer, W., *Privatisierung in den osteuropäischen Ländern und ihre Rechtsgrundlagen*, in: Seifert, W. (Hrsg.) Wirtschafts-/ und Gesellschaftsrecht Osteuropas im Zeichen des Übergangs zur Marktwirtschaft, Vahlen, München 1992

Lieberman (1995): Lieberman, I. et al (Hrsg.), *Mass Privatization in Central and Eastern Europe and the Former Soviet Union – A Comparative Analysis*, Studies of Economies in Transition, Paper Number 16, IBRD / World Bank, Washington 1995

Lowitzsch (2002): Lowitzsch, J., *Privatisierung und Beteiligung in Mittelosteuropa – Am Beispiel des polnischen, slowakischen und tschechischen Modells*, Berlin Verlag, Berlin 2002

Munter (2005): Munter, P., *Strong growth boosts region – But central and eastern Europe still remains highly diverse and fragmented*, Financial Times, Special Report 'Central and Eastern Europe', London, 16.05.05, [Internet 10.08.2005] www.ftd.de

Piggot (1999): Piggot, E. / Cook, M. (Hrsg.), *International business economics – A European perspective*, 2nd edition, Addison Wesley Longman, Harlow, 1999

Pysz (2003): Pysz, P., *Stabilisierungspolitik seit 1990 – was ist daran 'polnisch'?*, in: Höhmann, H. et al (Hrsg.), Wirtschaftspolitik in Osteuropa zwischen ökonomischer Kultur, Analysen zur Kultur und Gesellschaft im östlichen Europa, Band 14, Temmen, Bremen 2003

Ragaru (2000): Ragaru, N., *A Balance of Economic Reforms in Central and Eastern Europe*, in: Gardener, H. et al (Hrsg.), Central and south-eastern Europe in transition – Perspectives on success and failure since 1989, Praeger, Westport 2000

Richard (1999): Richard, J., *Privatisierungsmanagement, Finanzmärkte und Unternehmen – eine finanzwirtschaftliche Analyse unter besonderer Berücksichtigung der Voucher-Privatisierung in Tschechien*, Tectum, Marburg 1999

Rothacher (2002): Rothacher, A., *Im Wilden Osten: Hinter den Kulissen des Umbruchs in Osteuropa*, Krämer, Hamburg 2002

Schabert (2000): Schabert, T., *Transformation durch Management-Buyout – das Scheitern einer Privatisierungsform in Ostdeutschland*, Gabler Edition Wissenschaft, Wiesbaden 2000

Siehl (1998): Siehl, E., *Privatisierung in Russland – Institutioneller Wandel in ausgewählten Regionen*, Gabler Edition Wissenschaft, Wiesbaden 1998

Stark (1998): Stark, D., *Path Dependency and Privatization Strategies in East Central Europe*, in: Transformation der Wirtschaftssysteme in Ostmitteleuropa, Opladen, München 1998

Tatur (2003): Tatur, M., *Das Erbe der Solidarnosc als Ressource und Problem*, in: Höhmann, H. et al (Hrsg.), Wirtschaftspolitik in Osteuropa zwischen ökonomischer Kultur, Analysen zur Kultur und Gesellschaft im östlichen Europa, Band 14, Temmen, Bremen 2003

Wagstyl (2005): Wagstyl, S., *Economic Overview: Slowdown in growth expected – But region will remain one of the worlds most buoyant*, Financial Times, Special Report 'Central and Eastern Europe', London, 16.05.05, [Internet 10.08.2005] www.ftd.de